AF313779

Mᵉ André COUTURIER

(Successeur de Mᵉ L. TUAL)

COMMISSAIRE-PRISEUR

56 — Rue de la Victoire — 56

M. Emile BREYSSE

EXPERT

11 — Rue Viollet-le-Duc — 11

SUCCESSION F***

TABLEAUX MODERNES

12 Février 1909

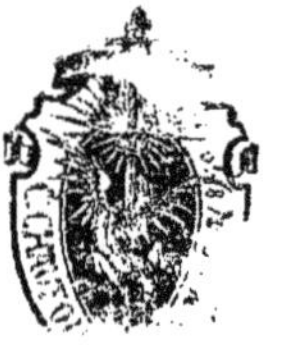

CATALOGUE

DE

TABLEAUX MODERNES

PAR

APPIAN, BRISSOT, BOUDIN, BERCHÈRE, BEAUME, BARON
COCK (César de), COÏGNARD, CICÉRI, DUPRÉ (Victor), DESHAYES
DAUBIGNY (Karl), FLERS, FAIVRE (Abel)
FRÈRE (Th.), GUIGOU (Paul), GAGLIARDINI, HERVIER, HOGUET
HANOTEAU, HÉREAU (Jules), JACQUE (Ch.), JONGKIND
LAMBINET, LÉPINE, LE ROUX (Charles), LAVIEILLE, LAPOSTOLET
LEHMANN, MULLER, NOËL (Jules), PICOU (Henri)
RICHET (Léon), ROUSSEAU (Philippe), ROZIER (Jules)
ROQUEPLAN (Camille), VEYRASSAT, VILLEVIEILLE, VÉRON, VERNON
VINCELET, VOILLEMOT, WATTIER, WATELIN, etc., etc.

Dont la VENTE après décès aura lieu

HOTEL DROUOT — SALLE N° I

LE VENDREDI 12 FÉVRIER 1909

A DEUX HEURES ET DEMIE

Mᵉ ANDRÉ COUTURIER	M. ÉMILE BREYSSE
Successeur de Mᵉ L. TUAL	
COMMISSAIRE-PRISEUR	EXPERT
56, Rue de la Victoire, 56	11, Rue Viollet-le-Duc, 11

EXPOSITION PUBLIQUE

Le Jeudi 11 Février 1909 de 2 heures à 5 h. 1/2

CONDITIONS DE LA VENTE

La Vente sera faite au comptant.

Les acquéreurs payeront *dix pour cent* en sus des enchères.

L'exposition publique mettant les acheteurs à même de se rendre compte de l'état des Tableaux, aucune réclamation ne sera admise une fois l'adjudication prononcée.

TABLEAUX

APPIAN
(A.)

1 — Venise.

Signé à gauche.

Toile. Haut. 1 m. ; Larg. 1m42.

APPIAN
(A.)

2 — Bords du Séran (Ain).

Signé à gauche.

Toile. Haut. 0,34 ; Larg. 0.52.

BARON
(H.)

3 — Dianes chasseresses au repos.

Signé à droite.

Bois. Haut. 0,19 ; Larg. 0,28.

BARON
(H.)

4 — La Balançoire.

Signé à droite.

Bois. Haut. 0,19 ; Larg. 0,23.

BEAUME
(J.)

5 — Dans les Alpes, la descente des troupeaux.

Signé à droite.

Toile. Haut. 0,46 ; Larg. 0,55.

BERCHÈRE
(N.)

6 — La Caravane.

Signé à gauche.

Bois. Haut. 0,17 ; Larg. 0,43.

BRISSOT
(F.)

7 — La Rentrée du troupeau.

Signé à droite.

Bois. Haut. 0,29 ; Larg. 0,55.

BRISSOT
(F.)

8 — Vaches à l'abreuvoir.

Un troupeau de vaches vient s'abreuver dans une mare. Dans le fond une rangée de saules au feuillage clair ; à travers, on aperçoit une rivière.

Signé à droite.

Toile. Haut. 0,40 ; Larg. 0,55.

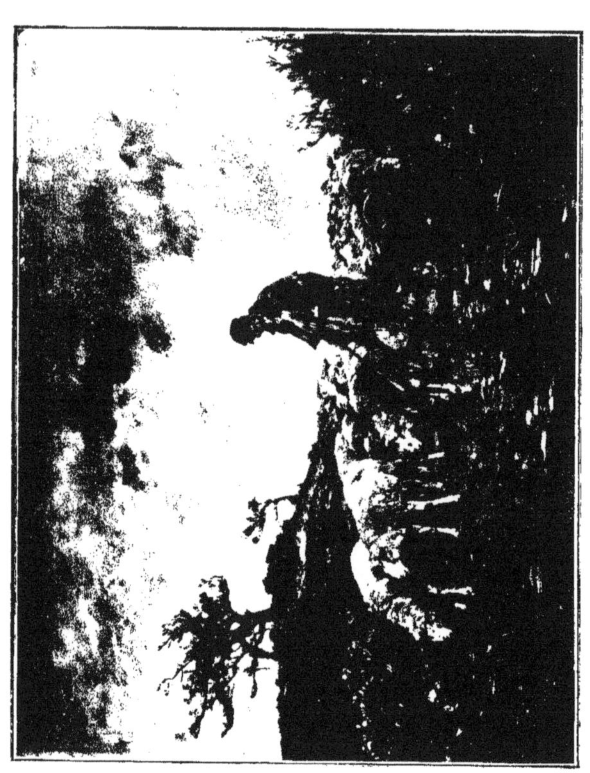

BRISSOT

(F.)

9 — Troupeau de moutons fuyant l'orage.

Sous la conduite d'un berger, vêtu d'un lourd manteau, un bâton à la main, le troupeau s'avance. L'horizon est menaçant, le vent fait ployer quelques arbres rabougris que l'on aperçoit à gauche. La route est déjà mouillée par les premières gouttes d'eau.

Signé à gauche.

Toile. Haut. 0,33. Larg. 0,41.

BRISSOT
(F.)

10 — Les Chasseurs.

Signé à gauche.

Toile. Haut. 0,16 ; Larg. 0,38.

BRISSOT
(F.)

11 — Moutons au pâturage.

Signé à droite.

Bois. Haut. 0,42 ; Larg. 0,55.

BRISSOT
(F.)

12 — Intérieur de bergerie.

Signé à droite.

Toile. Haut. 0,59 ; Larg. 0,81.

BRISSOT
(F.)

13 — Moutons au pâturage.

Signé à droite.

Bois. Haut. 0,42 ; Larg. 0,55.

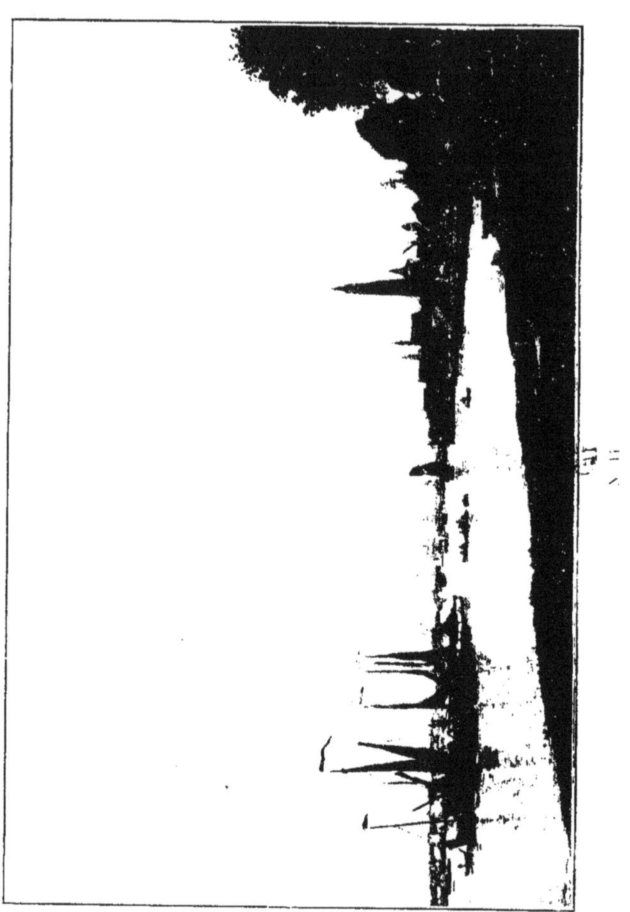

BOUDIN

(EUG.)

14 — Le port d'Anvers.

Sous un ciel d'un gris argenté, l'on aperçoit Anvers avec son beffroi se profilant sur l'horizon. Au premier plan, l'Escaut aux eaux tranquilles est sillonné de nombreux bateaux. A droite sur la rive une maison au toit rouge se voit à travers les arbres.

Signé à droite. Daté : Anvers, 1874.

Toile. Haut. 0,50 ; Larg. 0,73.

BOUDIN

(EUG.)

15 — Marché en Bretagne.

Signé à droite.

Bois. Haut. 0,17. Larg. 0,24

CICÉRI

(EUG.)

16 — Vue de Paris.

A droite le quai des Célestins, à gauche l'Ile-Saint-Louis.
Salon de 1889.

Signé à droite.

Toile. Haut. 0,37; Larg. 0,72.

CICÉRI

(EUG.)

17 — Intérieur de forge.

Signé à droite.

Bois. Haut. 0,27; Larg. 0,20.

CÉSAR DE COCK

18 — L'Etang.

Par une matinée de printemps deux chevreuils viennent se désaltérer à l'étang ; à droite un bosquet d'arbres se reflétant dans l'eau.

Signé à droite. Daté 1872.

Toile. Haut. 0,42; Larg. 0,61.

CÉSAR DE COCK

19 — Etang à Ville-d'Avray.

Signé à droite. Daté 1873.

Toile. Haut. 0,33 ; Larg. 0,50.

COIGNARD
(L.)

20 — Troupeau de vaches au pâturage.

Au dos de la main de l'Artiste :
Réduction de mon tableau du musée de Lille — fait par moi (L. Coignard).
Signé à droite.

Toile. Haut. 0,65 ; Larg. 0,92.

CONNINCK
(P. DE)

21 — Jeune italienne.

Signé à droite.

Bois. Haut. 0,23 ; Larg. 0,16.

DAUBIGNY
(KARL)

22 — Bords de l'Oise près Auvers.

Signé à gauche. Daté 1885.

Bois. Haut. 0,30 ; Larg. 0,61.

DELESSART

(A.)

23 — La Plage à l'heure du bain.

Signé à droite.

Bois. Haut. 0,23 ; Larg. 0,33.

DESHAYES

(EUG.)

24 — Paysage hollandais.

Signé à droite. Daté 1868.

Toile. Haut. 0,65 ; Larg. 0,92.

DESHAYES

(EUG.)

25 — Canal en Hollande.

Signé à gauche. Daté 1872.

Bois. Haut. 0,33 ; Larg. 0,24.

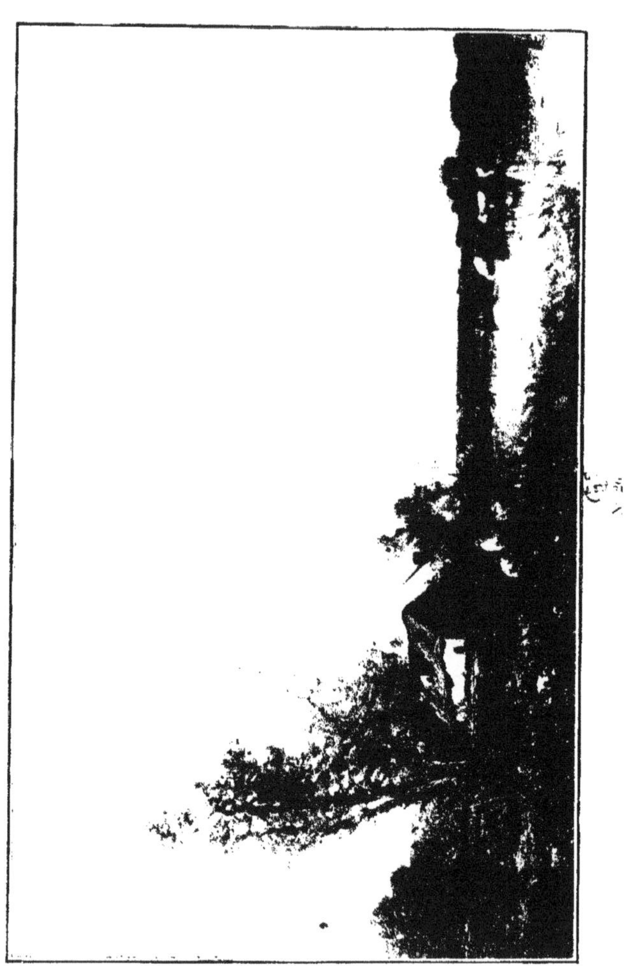

DUPRÉ
(VICTOR)

26 — Les Chaumières.

Paysage d'une belle tonalité. Sur la gauche deux chaumières au milieu d'arbres ; dans les ajoncs deux pêcheurs se livrent à leur plaisir favori. A droite un troupeau de vaches vient se désaltérer.
Signé à gauche.

Toile. Haut. 0,34 ; Larg. 0,55.

DUPRÉ
(VICTOR)

27 — Bords de rivière.

Au premier plan des vaches sous la garde d'un pâtre qui s'est endormi sous les saules. Au second plan une rivière aux eaux claires; sur l'autre rive un autre troupeau et un village se détachant sur les montagnes bleutées de l'horizon.

Signé à gauche. Daté 58.

Bois. Haut. 0,33; Larg. 0,52.

DUPRÉ
(VICTOR)

28 — Vaches à l'abreuvoir.

Trois vaches sous la garde d'une fillette viennent s'abreuver à une mare, à gauche un bosquet d'arbres. Ciel nuageux.

Signé à gauche. Daté 18-3.

Bois. Haut. 0,46; Larg. 0,61.

DUPRÉ
(VICTOR)

29 — La Mare.

Signé a gauche

Toile. Haut. 0,21 ; Larg. 0,27.

DUPRÉ
(VICTOR)

30 — Ferme au bord de l'eau.

Signé à gauche.

Bois. Haut. 0,10; Larg. 0,15.

DUPRÉ
(VICTOR)

31 — La Plaine.

Signé à gauche.

Toile. Haut. 0,21; Larg. 0,32.

DUPRÉ
(VICTOR)

32 — Paysage après-midi d'été.

Signé à droite.

Toile. Haut. 0,25; Larg. 0,37.

DUPRÉ
(VICTOR)

33 — Bords de rivière.

Signé à droite. Daté 1854.

Toile. Haut. 0,40; Larg. 0,61.

DUPRÉ
(VICTOR)

34 — La Mare.

Signé à droite.

Toile. Haut. 0,32; Larg. 0,46.

FAIVRE
(ABEL)

35 — Portrait de jeune femme.

Signé à gauche.

Pastel. Haut. 0,35 ; Larg. 0,25.

FLERS
(c.)

36 — Les Bords de la Loire après une crue.

Signé à gauche. Daté 1863.

Toile. Haut. 0,90; Larg. 1,35.

FLERS
(c.)

37 — Matinée de printemps.

Signé à gauche. Daté 1864.

Toile. Haut. 0,25; Larg. 0,36.

FLERS
(c.)

38 — Paysage aux environs d'Arras.

Signé à droite. Daté 1861.

Bois. Haut. 0,24; Larg. 0,33.

FLERS
(c.)

39 — Bords de rivière.

Signé à gauche.

Bois. Haut. 0,25; Larg. 0,33.

FLERS (Attribué à)
(c.)

40 — Bords de l'Oise.

Bois. Haut. 0,20; Larg. 0,43.

FRÈRE
(TH.)

41 — Caravane de marchands égyptiens à Thèbes (Haute-
Egypte).

Signé à droite.

Bois. Haut. 0,27 ; Larg. 0,41.

FRÈRE

42 — Vue d'Orient.

Signé à gauche.

Toile. Haut. 0,25 ; Larg. 0,35.

GAGLIARDINI
(G)

43 — Route de la Corniche près Marseille.

Signé à droite.

Toile. Haut. 0,55 ; Larg. 0,73.

GUIGOU
(PAUL)

44 — Les Bords de la Durance.

Ce tableau a dû figurer au Salon de 1870.

Signé à droite. Daté 70.

Toile. Haut. 0,65 ; Larg. 1 m.

HAAS
(J. H. L. DE)

45 — Têtes d'ânes.

Signé à gauche.

Bois. Haut. 0,34 ; Larg. 0,25.

HANOTEAU

(II.)

46 — Les Bûcherons.

Au dos : N° 894. Salon de 1874.

Signé à droite. Daté 1873.

Toile. Haut. 0,43 ; Larg. 0,70.

HÉREAU

(JULES)

47 — La Baignade des vaches en Hollande.

Signé à gauche, daté 1875.

Toile. Haut. 0,81 ; Larg. 1,22.

HERVIER

48 — Marché en Bretagne.

Signé à droite.

Bois. Haut. 0,35 ; Larg. 0,27.

HERVIER

49 — La Bûcheronne.

Signé à gauche, daté 52.

Bois. Haut. 0,22 ; Larg. 0,33.

HOGUET
(CH.)

5o — Les Laveuses.

Deux laveuses à l'abri d'arbres aux troncs noueux lavent dans une mare. Le cheval qui a apporté leur linge se promène pendant que son conducteur cause avec une femme assise au pied d'un arbre. A l'horizon, meules de paille et moulins à vent. Ciel nuageux.

Signé à droite, daté 1834.

Toile. Haut. 0,33; Larg. 0,42.

JACQUE
(CH.)

— La Basse-cour.

Signé à gauche.

Bois. Haut. 0,08; Larg. 0,11.

JACQUE
(CH.)

52 — Le Troupeau de porcs.

Un troupeau de porcs s'avance vers un bois; leur gardien armé d'un long bâton essaie de les faire reculer. Seul l'un d'entre eux est resté à l'écart.

Signé à gauche. Daté 69.

Au dos : Le paysage et le ciel ont été retouchés par Diaz. (Ch. Jacque).

Bois. Haut. 0,22; Larg. 0,34.

JONGKIND

53 — Bords de la Marne.

Signé à droite. Daté 18 juillet 68.

Toile. Haut. 0,24 ; Larg. 0,33.

KINDERMANN

54 — Pâturage dans les Vosges.

Signé à droite.

Toile. Haut. 0,90 ; Larg. 1,35.

LAMBINET

(ÉMILE)

55 — Matinée de printemps.

Signé à gauche. Daté 1860.

Bois. Haut. 0,32 ; Larg. 0,48.

LAMBINET

(ÉMILE)

56 — Chemin d'Ezanville près Écouen (Seine-et-Oise)

Une route conduit à la forêt. A droite, un paysan accompagné
d'un chien, une femme cueille des fleurs. Dans le fond un groupe
de moissonneurs.

Signé à gauche.

Bois. Haut. 0,37 ; Larg. 0,60.

LAMBINET

(ÉMILE)

57 — Environs d'Ecouen.

C'est en été. Au premier plan à droite on remarque un coin de
mare. Plus loin un moissonneur longe un champ de blés murs.
A gauche et au fond de grands arbres se détachant sur un ciel de
soleil couchant.

Signé à gauche.

Toile. Haut. 0,32 ; Larg. 0,48.

LAMBINET

(ÉMILE)

58 — Bords de rivière.

Signé à gauche.

Bois. Haut. 0,25 ; Larg. 0,37.

LAMBINET

(ÉMILE)

59 — Chemin au bord de l'eau.

Signé à gauche.

Bois. Haut. 0,30 ; Larg. 0,46.

LAMBINET

(ÉMILE)

60 — Le Pêcheur.

Signé à droite.

Bois. Haut. 0,21 ; Larg. 0,32.

LAMBINET
(ÉMILE)

61 — L'Étang.

> Monogramme E. L. à droite daté 76.
> Cachet de la vente à gauche.
>
> Toile. Haut. 0,49 ; Larg. 0,39.

LAPOSTOLET
(CH.)

62 — Le Port d'Anvers.

> Signé à droite.
>
> Toile. Haut. 0,38 ; Larg. 0,55.

LAVIEILLE
(EUG.)

63 — Bords de rivière.

> Signé à gauche.
>
> Toile. Haut. 0,33 ; Larg. 0,52.

LAVIEILLE
(EUG.)

64 — Village en Seine-et-Marne.

> Signé à droite.
>
> Bois. Haut. 0,19 ; Larg. 0,25.

LEHMANN
(CH. H.)

65 — Femme endormie au bord de l'eau.

> Signé en bas. Daté 1852.
>
> Toile ovale. Diamètre : Haut. 0,27 ; Larg. 0,35.

LEMMENS
(E.)

66 — Le Retour de la pêche.
> Signé et daté 1854.
>
> Toile. Haut. 0,19; Long. 0,25.

LÉPINE
(s.)

67 — La Seine au pont d'Austerlitz.
> Signé à droite.
>
> Toile. Haut. 0,49; Larg. 0,65.

LÉPINE
(s.)

68 — Bords de la Seine aux environs de Paris.
> Signé à gauche.
> Vente Coudray 1908.
>
> Toile. Haut. 0,22 1/2; Larg. 0,33.

LERAY
(P.)

69 — Soldat ivre.
> Signé à droite.
>
> Bois. Haut. 0,16; Larg. 0,11.

LE ROUX
(CH.)

70 — L'Embouchure de la Loire.
> Signé à gauche. Daté 1874.
>
> Toile. Haut. 0,65; Larg. 1,17.

LUMINAIS

(EV.)

71 — La Pêche aux grenouilles.

Signé à droite.

Toile. Haut. 0,26; Larg. 0,33.

LUMINAIS

(EV.)

72 — Cavalier gaulois.

Signé à gauche.

Bois. Haut. 0,55; Larg. 0,46.

MULLER

(CH.)

73 — Fête champêtre.

Signé à gauche.

Aquarelle. Haut. 0,42; Larg. 0,55.

MULLER

74 — Jeune fille à la fontaine.

Toile. Haut. 0,61; Larg. 0,42.

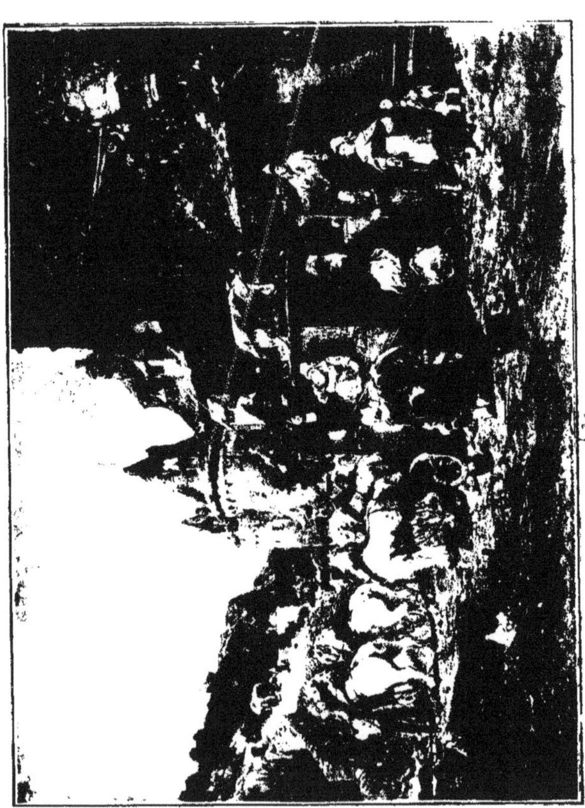

NOEL

(JULES)

75 — La Diligence.

La diligence vient de s'arrêter à l'auberge du Soleil d'Or. Deux chevaux de renfort vont être attelés pour aider à gravir la côte que l'on aperçoit à l'horizon. Les voyageurs profitent de cet arrêt pour se désaltérer; une grosse matrone, à demi sortie de la voiture, absorbe avec avidité une bolée de cidre que vient de lui passer une servante; un voyageur de l'impériale tend un pichet qu'il vient de vider. L'aubergiste obséquieux ouvre la portière à une élégante qui s'engouffre dans le véhicule. Au premier plan, des poules picorent sur un tas de fumier.

Signé à droite. Daté 1876.

Toile. Haut. 0,49; Larg. 0,65.

NOEL
(JULES)

76 — Canal à marée basse.

Signé à gauche.

Toile. Haut. 0,43; Larg. 0,65

NOEL
(JULES)

77 — Un Jour de foire à Hennebont (Morbihan).

Signé à droite. Daté 1871.

Toile. Haut. 0,55; Larg. 0,38.

NOEL
(JULES)

78 — Bateau de pêche.

Signé à gauche. Daté 1876.

Bois. Haut. 0,21; Larg. 0,15.

NOEL
(JULES)

79 — Une Rue à Morlaix.

Signé à droite.

Bois. Haut. 0,41; Larg. 0,33.

NOEL
(JULES)

80 — Canal à marée basse.

Signé à droite. Daté 1865.

Toile. Haut. 0,49; Larg. 0,65.

NOEL
(JULES)

81 — Le Quai.

Non signé.

Toile. Haut. 0,40 ; Larg. 0,65.

OUVRIÉ
(J.)

82 — Paysage suisse.

Signé à droite.

Bois. Haut. 0,07 ; Larg. 0,09.

PÉCRUS
(C.)

83 — Portrait de femme.

Signé à droite.

Bois. Haut. 0,10 ; Larg. 0.08.

PICOU
(H.)

84 — Femme au tambourin.

Signé à droite.

Toile. Haut. 0,83 ; Larg. 0,65.

PRANISHNIKOFF
(J. P.)

85 — Les Bécasses.

Signé à droite.

Bois. Haut. 0,15 ; Larg. 0,10.

RICHET
(LÉON)

86 — La Mare.

> Signé à droite.

> Bois. Haut. 0,32 ; Larg. 0,48.

ROQUEPLAN
(C.)

87 — Parure de printemps.

> Signé en bas au centre.

> Toile. Haut. 0,77 ; Larg. 0,55.

ROUSSEAU
(PH.)

88 — Cour de ferme.

> Signé à droite.

> Bois. Haut. 0,18 ; Larg. 0,26.

ROUSSEAU
(PH.)

89 — Nature morte.

> Citrouille et céleri.
> Signé à droite.

> Toile. Haut. 0,49 ; Larg. 0,65.

ROUSSEAU
(PH.)

90 — Nature morte. Gibier.

> Signé à gauche.

> Bois. Haut. 0,27 ; Larg. 0,21.

ROSIER

(A.)

91 — Vue d'Orient.

Signé à droite.

Bois. Haut. 0,23 ; Larg. 0,38.

ROZIER

(JULES)

92 — Paysage d'hiver.

Signé à gauche.

Toile. Haut. 0,27 ; Larg. 0,46.

ROZIER

(JULES)

93 — La Prairie.

Au bord d'un ruisseau à l'ombre des saules, des blanchisseuses lavent leur linge. A droite paissent des vaches gardées par des enfants assis sur l'herbe.

Signé à gauche. Daté 1859.

ROZIER

(JULES)

94 — Environs de Rouen.

Signé à gauche.

Bois. Haut. 0,21 ; Larg. 0,35.

ROZIER

(JULES)

95 — Ferme en Normandie.

Signé à droite.

Bois. Haut. 0,12 ; Larg. 0,22.

SAUVAGEOT
(CH.)

96 — Marché à Troyes.

Signé à gauche. Daté 1876.

Toile. Haut. 0,73 ; Larg. 0,55.

VERNON
(PAUL)

97 — La Chaumière.

Signé à droite.

Bois. Haut. 0,20 ; Larg. 0,25.

VERNON
(PAUL)

98 — Mare en forêt.

Signé à gauche.

Bois. Haut. 0,12 ; Larg. 0,20.

VERNON
(PAUL)

99 — Jeunes femmes se baignant.

Signé à droite.

Bois. Haut. 0,38 ; Larg. 0,46.

VÉRON
(A.R.)

100 — Etang près Sannois.

Signé à droite.

Toile. Haut. 0,40 ; Larg. 0,61.

VÉRON
(A.R.)

101 — L'Abreuvoir.

Signé à droite.

Toile. Haut. 0,52 ; Larg. 0,42.

VÉRON
(A. R.)

102 — Etangs en Sologne.

Signé à gauche.

Toile. Haut. 0,40; Larg. 0,61.

VEYRASSAT
(J.)

103 — Chevaux de halage.

Signé à gauche.

Bois. Haut. 0,27; Larg. 0,46.

VEYRASSAT
(J.)

104 — A la Fontaine (pays basque).

Signé à gauche.

Bois. Haut. 0,21 ; Larg. 0,39.

VEYRASSAT
(J.)

105 — Le Relais de halage.

Signé à gauche.

Bois. Haut. 0,16; Larg. 0,23.

VEYRASSAT
(J).

106 -- Un coin de Moret.

Signé à gauche.

Bois. Haut. 0,26 ; Larg. 0,31.

VEYRASSAT
(J.)

107 — Le Retour à la ferme (pays basque).

Signé à droite.

Bois. Haut. 0,09 ; Larg. 0,15.

VEYRASSAT
(J.)

108 — Léda.

Signé à droite.

Bois. Haut. 0,10 ; Larg. 0,15.

VILLEVIEILLE

109 — Bords de l'Oise.

Signé à gauche.

Bois. Haut. 0,16 ; Larg. 0,24.

VINCELET

110 — Fleurs dans un vase.

Signé à droite. Daté 65.

Toile. Haut. 0,55 ; Larg. 0,46.

VOILLEMOT
(A. C.)

111 — Jeune fille effeuillant une marguerite.

Signé à droite.

Toile. Haut. 0,41 ; Larg. 0,32.

WATELIN
(L.)

112 — Coin de forêt.

Signé à droite. Daté 1872.

Bois. Haut. 0,32 ; Larg. 0,46.

WATTIER
(E.)

113 — Le Repas champêtre.

Signé au centre.

Toile. Haut. 0,40 ; Larg. 0,59.

ZO
(A.)

114 — Le Grand frère.

Signé à gauche.

Toile. Haut. 0,35 ; Larg. 0.27.